2ª edição
3.000 exemplares
Do 5º ao 8º milheiro
Dezembro/2015

© 2010-2015 by Boa Nova Editora

Composição e Diagramação
Juliana Mollinari

Ilustrações
Mariana Leite
Vinícius Giacomini

Revisão
Maria de Lourdes Pio Gasparin

Assistente Editorial
Ana Maria Rael Gambarini

Coordenação Editorial
Ronaldo A. Sperdutti

Todos os direitos reservados. Nenhuma parte desta obra pode ser reproduzida ou transmitida por qualquer forma e/ou quaisquer meios (eletrônico ou mecânico, incluindo fotocópia e gravação) ou arquivada em qualquer sistema ou banco de dados sem permissão escrita da Editora.

O produto da venda desta obra é destinado à manutenção das atividades assistenciais da Sociedade Espírita Boa Nova, de Catanduva, SP.

Dados Internacionais de Catalogação na Publicação (CIP)
(Câmara Brasileira do Livro, SP, Brasil)

Timbó, Regina
    O que você vai ser quando renascer? / Regina Timbó .
ilustrações: Mariana Leite, Vinícius Giacomini. -- Catanduva, SP :
Instituto Beneficente Boa Nova, 2010.

ISBN 978-85-99772-45-4

    1. Espiritismo - Literatura infanto-juvenil
    I. Título.

09-13245   CDD-028.5

Índices para catálogo sistemático:
1. Espiritismo : Literatura infantil 028.5
2. Espiritismo : Literatura infanto-juvenil 028.5

Impresso no Brasil/*Presita en Brazilo/Printed in Brazil*

O que você vai ser quando renascer?

Regina Timbó

Ilustrado por
Mariana Leite e Vinícius Giacomini

O que vou ser quando renascer?

Será que vou ser chinês ou francês?

Indiano ou americano?

O que vou ser quando renascer?

Será que vou ser...
Agricultor, jogador, navegador?
Professor, cantor, nadador?
Animador, historiador, pesquisador?

O que vou ser quando renascer?

Vou ser triste ou alegre?
Honesto ou desonesto?
Malvado ou bondoso?
Egoísta ou altruísta?

A vida pode me levar para qualquer lugar, mas eu posso escolher onde vou ficar.

Isso vai depender da experiência a vivenciar.

O que vou ser quando renascer?

Só depende agora do meu viver.

Ou melhor, depende do meu viver de

AGORA!

Todo dia eu escolho o que vou ser quando renascer.

E você?

Já pode começar agora a escolher a cor do seu viver.

O que você vai ser quando renascer?
Tem pensado nisso?